BEI GRIN MACHT SICH IHR WISSEN BEZAHLT

- Wir veröffentlichen Ihre Hausarbeit, Bachelor- und Masterarbeit

- Ihr eigenes eBook und Buch - weltweit in allen wichtigen Shops

- Verdienen Sie an jedem Verkauf

Jetzt bei www.GRIN.com hochladen und kostenlos publizieren

Verena Caroline Wernet

El Tango Argentino. Su origen y su desarollo

GRIN Verlag

Bibliografische Information der Deutschen Nationalbibliothek:

Die Deutsche Bibliothek verzeichnet diese Publikation in der Deutschen National-
bibliografie; detaillierte bibliografische Daten sind im Internet über http://dnb.d-
nb.de/ abrufbar.

Impressum:

Copyright © 2013 GRIN Verlag GmbH
Druck und Bindung: Books on Demand GmbH, Norderstedt Germany
ISBN: 978-3-656-57585-6

Dieses Buch bei GRIN:

http://www.grin.com/de/e-book/263017/el-tango-argentino-su-origen-y-su-desarollo

GRIN - Your knowledge has value

Der GRIN Verlag publiziert seit 1998 wissenschaftliche Arbeiten von Studenten, Hochschullehrern und anderen Akademikern als eBook und gedrucktes Buch. Die Verlagswebsite www.grin.com ist die ideale Plattform zur Veröffentlichung von Hausarbeiten, Abschlussarbeiten, wissenschaftlichen Aufsätzen, Dissertationen und Fachbüchern.

Albert-Ludwigs-Universität Freiburg i. Br.
Wintersemester 2012/2013
Romanisches Seminar
Landeskunde: La inmigración en la Argentina y su repercusión a nivel social y cultural

El Tango en Argentina
Su origen y su desarollo

Verena Caroline Wernet

Fächerkombination: Deutsch (10. FS), Geschichte (8. FS), Spanisch (4. FS)
Studiengang: Staatsexamen (WPO 2001)
Semesteradresse: Guntramstr. 22, 79106 Freiburg

CONTENIDO

1. Inicio

En la lengua española hay muchos proverbios alrededor del tango como por ejemplo *La vida es un tango y la muerte un pasodoble.*, *La vida es un tango y quien no lo baila es un tonto.*, *La vida es un tango hay que saber bailarlo.* Estos proverbios comparan el tango con la vida porque el tango es un elemento fundamental en la vida de la gente en Argentina y otros países hispanohablantes. Aunque el tango esté muy famoso por todo el mudo y fascine a muchas personas la mayoría de la gente no sepa que el tango no sea solo un baile sino que el termino *tango* incluya tanto el baile como su música y su cultura. Estos tres elementos son esenciales para el tango. En algunas lenguas se usa la expresión *el tango argentino* para aclarar la diferencia entre el tango como un baile estándar y el tango que viene originalmente de Argentina. Mientras que en la Argentina se habla solo del tango. Por eso uso el termino tango aunque escribiré solo sobre el dicho tango argentino. En este ensayo quiero exponer el desarollo del tango. Primero escribiré sobre las raíces del tango. Luego relataré la distribución del tango. Mi último punto será una analisis de la situación del tango hoy en día.

2. Las raíces del tango

Originalmente el tango viene de Buenos Aires. Al final del siglo IXX llegaron muchos inmigrantes a la Argentina a causa de un programa de inmigración del gobierno Argentino. Muchos de los inmigrantes eran de países del sur de Europa. Además vinieron muchos judíos y esclavos de Africa. Después de que die von der Regierung geplante Landreform am Widerstand der Großgrundbesitzer scheiterte, vivían en condiciones males en Buenos Aires. Los latifundistas se negaron a un programa que habría ayudado a los inmigrantes para comprar una parte de tierra. Por eso la gran mayoría de los inmigrantes se quedó en Buenos Aires. No había bastante sitio para toda esta gente. Muchas de ellos vivía en un conventillo donde una familia vivía en una habitación de aroximadamente 16 m^2 y compartía el cuarto de bano con muchas otras familias. Los conventillos se encontraban en los barrios a la periferia de Buenos Aires. Se llamó el arrabal a esta zona que era descrita por la clase mayor como un lugar sucio y peligroso.

Encima sus habitantes sufrían de paro y pobreza. Además no había muchas mujeres por lo tanto la prostitución era un problema. La gente vivía en condiciones malas. En estos barrios porbres de Buenos Aires nació el tango rodeado por un clima de pena, sufrimiento, pobreza, soledad y tristeza.[1] El tango une los sentimientos tristes con diferentes elementos culturales porque se mezclararan los siguientes elementos culturales en el tango: Primero hay la *Candombe* de los criollos y los negros. Además la *Habanera* Cubana y la milonga tienen una cierta influencia en el tango. De igual manera el tango asimiló elementos europeos como la *mazurka* polaca y la polka de Böhmen. Los alemanes anadieron el bandoneon como el instrumento carateristico y los bailes del vals y Ländler. Estos elementos se mezclaron con los bailes de los gauchos y varios elementos latinoaméricanos. Luego el piano, la guitarra y la flauta fueron muy importantes para el tango.[2] Las instrumentos variaron durante los anos. Los proverbios que aparecen a la parte inicial de este ensayo describen el tango como un elemento de la vida. Quizás este especto sea una de las contantes del tango desde su nacimiento. En realidad el tango expresó perfectamente la situación entera de sus protagonistas porque incluye tanto elementos ajenas como elementos conocidos para la gente. Además trata de temas fundamentales como el amor y la patria. De ahí que no sea una sorpresa que la genta amaba el tango. Sin embargo las clases altas consideran el tango como una cosa depravada a causa de sus origenes en los barrios pobres donde había criminalidad, pobreza y prostitución. Antes de la Primera Guerra Mundial el tango llegó a los bares y salones de París que era la ciudad más elegante e importante en cuestiones culturales. Por consiguiente se puso de moda por toda la Europa. Las clases altas argentinas empezaron a aceptar el tango como un elemento cultural después de que habían entendido que el tango es muy famoso en europa. El tango empezó a ser una parte de la cultura argentina. Por eso mucha gente trabajó profesionalmente como bailador o músico en la escena del tango. Las canciones del tango se desarrollaron como una plataforma para hacer una critica social. La mayoría de las canciones del tango están escritas en Lunfado que es una lengua muy especial. Uno de los artistas más destacados de esta época durante los anos 20 y 30 del siglo XX es Carlos Gardel. Su muerte en 1935 fue un schock para la gente que era invuelto al tango. El verdienst de Gardel es que el tango

---

[1] Malcher, p. 27-29, p. 141-142.

[2] Allebrand, p. 19-26.

empezó a ser popular en Nueva York y Parìs. Sin embrago entre 1935 hasta 1955 se habla del siglo del oro del tango. Argentina ganó dinero porque vendó la carne y los cereales a Europa durante la Segunda Guerra Mundial. A partir de 1946 hasta 1955 Juan Perón fue el líder del gobierno. En general la situación económica mejoró para mucha gente. Muchas casas ya tuvieron una radio y se fundaron orchestras del tango. Por eso la música del tango llegó a muchas casas. Se organizó festivales del tango por el gobierno de Perón. Se desarollaron nuevas figuras como *Voleos*, *Ganchos*, *Ochos*, *Quebradas* las que siguen siendo parte del tango hasta hoy en día. En los anos 50 la situación cambió porque no se seguió subvencinando las orchstras. Además los jovenes eran más interesados en otra música como el rock 'n' roll o la música pop. El tango fue más importante para la izquierda. El tango desapareció de la cultura pública de la Argentina. Un estilo distinto del tango estableció Astor Piazzolla. Integró elementos de la música jazz y de la música clasica. Se llamó *tango nuevo* al estilo de Piazzola. Por un lado su arte fue criticado fuertemente y por otro lado había mucha gente que consideró a Piazzolla como un gran artista. Seguramente polarizó la escena del tango. Su música está muy complexa. Por eso las obras de Piazzolla son perfectas para coreografías grandes en las escenas. Diferentes artistas empezaron a hacer espectáculos grandes de tango con los que viajaron por todo el mundo. En los anos 80 el tango volvió a la vida pública. En 1983 es el comienzo de *tango argentino* ... tangowelle. En los anos 90 el tango se mezcló con otros estilos de la música. En conecuencia se fundaron muchos grupos nuevos. Muchos bailadores están inspirado por el ballett, modern dance, jazz dance y la acrobacia. Son influencias que no vienen originalmente de Argentina. Sin embargo influyen la cultura del tango y forman parte de la globalización del tango. Aunque haya una cierta globalización del tango, sigue siendo argentino.

3. La distribución

Después de haber llegado en Europa donde la gente estaba fascinado por el tango y lo incorporó en la vida elegante de las ciudades grandes y elegantes se desarrollo su forma estandard. En GB los profesores de baile modificaron el tango con los raíces argentinas. Finalmente crearon el tango de la forma estandard lo que es un baile clasico mejor dicho desde 1929 existe la foma del tango como un baile de. En cambio esta forma del tango perdió el elemento de una cultura entera porque no transmite un estilo de vida sino es solo un gesellschafts-baile con música adequada. Logicamente hay diferencias entre estos dos tipos de tango.

Aunque el tango era muy famosos en Europa había gente al principio del siglo XX que consideraba el tango como unsittlich. Así que algunos estados y la iglesia católica intentaron prohibir el tango.[3]

Con la famosa show *tango argentino* que empezó en 1983 en París comenzó la popularidad del tango por todo el mundo. Mucha gente empezó a bailar tango. Además hay muchas festivales de tango por todo el mundo.

4. La situación hoy en día

El tango es muy famoso y conocido por todo el mundo. Muchas turistas viajan a Argentina para ver un espectáculo de tango. En los anos 90 del siglo XX Argentina empezó a considera el tango como un potencial ecenomico. Hoy en día hay muchas shows donde la gente puede disfrutar del tango. Además ha vuelto a la vida cotidiana de la gente.

Las temas más destacadas del tango son la patria y el amor. Estas temas son de una cierta universalidad y eternidad. Por eso el tango sigue siendo popular. El secreto del tango es que siempre se ha transformado y adaptado elementos nuevos. Además trata de temas que son escenicales para la gente.[4]

Originalmente el tango fue una fusión cultural. Parece que esto es hasta hoy en día un elemento caracteristico del tango.

Desde septiembre de 2009 el tango forma parte de las obras maestras del patrimonio oral e intangible de la humanidad de la UNESCO o sea es un elemento importante de la cultura de los hombres.[5]

Según el poeta Enrique Santos Discépolo, el tango es "un pensamiento triste que se puede bailar."[6]

---

[3] Allebrand, p. 11-13.
[4] http://tango-a-la-carte.de/tango-vita/tango-geschichte-literatur-philosophie<29.03.2013, 16.15>

[5] http://de.wikipedia.org/wiki/Tango_Argentino<29.03.2013, 11.41>
[6] Allebrand, p. 12.

5. Conclusión

Para concluir se puede decir que el tango que nació en Argentina y primero no estaba aceptado por la sociedad se transformó en un cultura que es famoso por todo el mundo. Es cierto que la heimat del tango es Argentina. Por eso se puede disfrutar del vero tango solamente en Argentina y Uruguay. Hoy en día es un elemento característico de la cultura de estas países. El tango no es solo un baile sino una propia cultura. Además el tango ha llegado a Europa donde ha desarrollado propias formas. Hay que anadir que

El tango no es un baile de moda sino que forme und parte escencial de la cultura argentina.

6. Fuentes

Literatura:

- http://www.todotango.com/Spanish/Home.aspx<29.03.2013, 15.48>

- http://de.wikipedia.org/wiki/Tango_Argentino<18.03.2013, 15. 30>

- Allebrand, Raimund: Tango. Das kurze Lied zum langen Abschied. Psychologie des Tango Argentino, Bad Honnef 2003.

- Malcher, Ingo: Tango Argentino. Porträt eines Landes, München 2008.